OBSERVATIONS

SUR

LA SEULE VRAIE THÉORIE DE LA MUSIQUE.

IMPRIMERIE DE FAIN, PLACE DE L'ODÉON.

OBSERVATIONS

SUR

LA SEULE VRAIE THÉORIE DE LA MUSIQUE,

DE M. DE MOMIGNY.

PAR AL. - J. MOREL.

A PARIS,

CHEZ BACHELIER, LIBRAIRE,

QUAI DES AUGUSTINS, N°. 55.

1822.

AVERTISSEMENT.

Chargé par la Société des méthodes d'enseignement de lui rendre un compte verbal sur *La seule vraie Théorie de la Musique* (1), j'ai été, vers le même temps, nommé par S. Exc. le ministre de la Maison du Roi, membre d'une commission composée de MM. Lesueur, Cherubini, Berton, Boïeldieu, Reicha, Fétis, Perne et moi, à l'effet d'examiner la même théorie. Mon intérêt personnel fréquemment froissé dans cet écrit m'eût peutêtre déterminé seul à mettre la plume à la main. Faire cet aveu, c'est déclarer que j'étais peu disposé à négliger entièrement le soin de ma défense. Cependant il fallait m'imposer moi-même ce sacrifice si j'eusse accepté la double mission qui m'était confiée. Dans cette alternative,

_____

(1) Ouvrage nouvellement publié par M. de Momigny.

j'ai pensé que le parti le plus convenable était de présenter mon opinion sous la forme de simples observations, en me récusant comme juge de l'un et de l'autre côté. Dès-lors, replacé sur un terrain ouvert à tout le monde, celui de la critique, j'ai pu le parcourir sans entraves. Toutefois je n'ai pas cru, pour cela, qu'il me fût permis d'être moins impartial. Si, dans l'investigation des erreurs de M. de Momigny, il m'est arrivé d'en commettre à mon tour, ma conscience me dit qu'il faut en accuser l'insuffisance seule de mes lumières, mais non ma loyauté.

OBSERVATIONS

LA SEULE VRAIE THÉORIE DE LA MUSIQUE.

M. DE Momigny se présente dans cet ouvrage comme *inventeur*, 1°. d'une théorie, et 2°. d'une théorie qui est *la seule vraie*. « Je défie qui » que ce soit, dit-il dans sa préface, de nier » mes *découvertes* et la *vérité* de la doctrine à » laquelle elles servent de base ou d'appui. » Il assure, en outre, dans le cours de son livre, « que *toutes les doctrines* professées jusqu'ici » sont *entièrement* erronées. » J'ai cru devoir en conséquence examiner son ouvrage autant sous le rapport de la *nouveauté* des idées que sous celui de leur *justesse*.

En lisant cet écrit, on reconnaît aussitôt que le but principal de l'auteur est l'établissement du *Ton* et de ses élémens sur des considérations qu'il juge ou nouvelles ou préférables à celles des théoriciens ses devanciers; mais en même temps on découvre qu'elles sont uniquement fondées sur son opinion particulière. En effet, il ne donne à sa théorie aucun principe fondamental ni mathématique, ni physique, ni physiologique, ainsi que nous allons le voir.

CHAPITRE PREMIER.

De la musique en général.

D'ABORD on lit dans la préface : « Si l'oreille » ne suppléait au défaut de principes et ne » corrigeait les règles elles-mêmes, on verrait » ce qui en résulterait. » On ne peut pas reconnaître plus positivement l'incertitude et l'insuffisance des principes et des règles qui n'ont pas l'oreille pour fondement. Puis il ajoute (Chapitre Ier.) : « Les lois de la mu- » sique sont la conséquence nécessaire de notre » organisation harmonique. » Personne plus que moi n'est disposé à admettre la justesse de ces réflexions, puisque j'ai cherché à la démontrer dans plusieurs écrits. Mais, si M. de Momigny dit, après moi, la vérité, comment croit-il pouvoir se borner à énoncer ces propositions sans jamais s'occuper ensuite de l'organisation de l'oreille, et sans chercher à rattacher en aucune manière sa théorie à cette même organisation ? N'est-ce pas déjà se mettre en contradiction avec lui-même ?

D'ailleurs, soit que par *organisation harmonique*, M. de Momigny entende notre organisation *auriculaire*, soit notre organisation *intellectuelle*, ou l'une et l'autre à la fois, il convenait dès lors, afin d'être conséquent, de tracer d'abord le tableau des facultés de notre oreille et de notre entendement, puis de rechercher si ces deux sortes de facultés étaient constantes et générales, ou bien si elles étaient variables d'un individu à l'autre. Or, l'expérience nous montre continuellement des exemples presque infinis de cette variété. C'est bien en matière de musique qu'il est plus particulièrement vrai de dire : *tot capita, tot sensus*. Cette variété d'avis devant être entendue à l'égard de certaines nuances seulement pour les personnes dont l'éducation auriculaire, musicale et intellectuelle a été la même à peu près. Aussi n'est-ce que pour ces personnes que *la même musique* peut être appelée un langage *commun*. Ce qui est bien différent de dire avec M. de Momigny à son début, que : « La musique est un langage *natu-*

rel et *universel.* » Quel que soit le sens donné ici par cet écrivain au mot *musique,* il n'en est pas moins vrai qu'aucune combinaison donnée de sons ne sera et n'a jamais été également agréable aux personnes dont l'oreille est dure ou naturellement ou par défaut d'exercice, et à celles qui, plus favorisées par la nature, d'une part, ont, de l'autre, cultivé cet organe par la perception fréquente de la musique, et leur jugement par les études et les observations relatives à l'art. M. de Momigny tombe donc, dès la première ligne, dans une grave erreur.

La nature dépose généralement en nous le germe des facultés musicales. Il se développe ensuite plus ou moins par la culture; mais seulement entre les limites particulières posées, pour chacun de nous, par l'état physique et physiologique de l'organisation de notre oreille. Aussi, en admettant que la musique est une langue, est-il très-vrai de dire que beaucoup de discours écrits dans l'idiome musical moderne sont inintelligibles pour l'immense majorité des hommes. Il y a telles compositions de Bach, de Mozart, de Béethoven, etc., qui peuvent à peine être comprises, goûtées et jugées par une centaine de personnes à Paris.

Et, réciproquement, ces mêmes connaisseurs trouvent on ne peut pas plus trivial, bas et ennuyeux le style des flonflons de la guinguette et du vaudeville, qui seuls peuvent plaire en France à la multitude.

Dès que M. de Momigny annonce qu'il expose la *seule vraie théorie de la musique*, il s'engage à rendre raison de tous les faits, à montrer leur liaison, et à établir logiquement toutes les lois musicales que ces faits appellent. Or, il est évident que cela lui est impossible du moment qu'il attribue aux sons une action physique égale sur la masse des auditeurs.

CHAPITRE II.

Du genre diatonique et principal.

« Les sept cordes diatoniques, prises dans le *Ton d'ut* majeur, sont, *si, mi, la, ré, sol, ut, fa.* »

Je ferai d'abord remarquer que M. de Momigny emploie immédiatement ici les expressions, *majeur*, *Ton*, *diatonique*, sans avoir déterminé leur sens, quoique celui-ci soit bien loin d'être clair et encore bien moins précis, même pour des musiciens instruits. Un tel ordre de choses me paraît peu naturel. M. de Momigny, qui annonce sa théorie comme devant aussi être utile à ceux qui en sont aux premiers élémens, qui même la croit à la portée des enfans, court évidemment le plus grand danger de n'être pas compris par une partie des lecteurs pour lesquels il a écrit.

Il ajoute aussitôt qu'*il préfère* nommer « les notes de quarte en quarte à les nommer » graduellement, parce que *la musique con-* » *sidérée avec méthode dans son ordre naturel,* » *et dans ses véritables élémens, est un enchaî-* » *nement de tétracordes ;* et comme *on dit* que » les bémols se posent sur *si* ♭, *mi* ♭, *la* ♭, » *ré* ♭, *sol* ♭, *ut* ♭, *fa* ♭, de même *on doit dire* » *si, mi, la, ré, sol, ut, fa.* »

Tel est, selon M. de Momigny, l'ordre premier des sons qui constituent le Ton d'*ut* majeur, et, semblablement, tout autre Ton majeur ; car, il admet d'après l'auteur du *Principe Acoustique*, qu'il n'existe en musique qu'un Ton dont le *mode* est majeur ou mineur.

M. de Momigny, comme on le voit par la citation complète du passage ci-dessus dans lequel sont contenues et son opinion et ses preuves, ne pense aucunement à donner pour base à sa théorie aucun principe démontré. Il l'établit sur un *on dit*. Ainsi quand il dirait la vérité, celle-ci n'étant appuyée sur aucun raisonnement, rien ne peut empêcher de soutenir le contraire. Cependant pour se croire fondé à avancer, contre les idées généralement reçues, que l'ordre premier des sons **qui** constituent le Ton d'*ut* est *si, mi, la, ré, sol, ut, fa*, quelques tentatives pour justifier cette idée n'eussent pas été un hors-d'œuvre.

La première base de la théorie de M. de Momigny est donc entièrement gratuite. J'examinerai maintenant sa solidité.

Dire que l'ordre premier des sons constitutifs d'un Ton commence par la septième de ce Ton, et surtout qu'il procède ensuite par quartes, parce que l'ordre naturel des sons est un enchaînement de tétracordes, lesquels ne font qu'un système de quatre sons procédant graduellement par intervalles d'un ton ou d'un demi-ton, n'est-ce pas dire en d'autres mots que *l'ordre élémentaire ou premier des sons constitutifs d'un Ton est une série de quartes, parce que l'ordre naturel des mêmes sons est une série de tons et de demi-tons?* Il y a donc encore contradiction manifeste.

Au surplus, l'idée que l'ordre le plus naturel des sons est celui qui forme un tétracorde dans lequel il entre un intervalle de demi-ton, a été depuis long-temps émise par M. de la Sallette dans ses *Considérations sur la Musique*, et M. Choron l'a ensuite développée dans un cours fait à l'Athénée. Elle n'appartient donc pas même à M. de Momigny.

Mais est-ce là la vérité primordiale? Il existe des opinions différentes; telle est, entre autres, celle de l'auteur du *Principe Acoustique*. M. de Momigny admet l'une comme il repousse l'autre, sans entrer à leur égard dans aucune discussion.

Abordons de plus près la question. Parce qu'en se supposant dans le *Ton* d'*ut* majeur, il faut bémoliser le *si* pour passer dans le ton de *fa*; bémoliser ensuite le *mi*, pour passer dans le Ton de *si* ♭, et ainsi de suite, quel rapport naturel et nécessaire ou même le plus éloigné peut-il exister entre ces faits et le classement prétendu primitif des sons *si*, *mi*, *la*, etc. dans le Ton d'*ut* majeur. On sort plus naturellement du Ton d'*ut* pour entrer dans celui de *sol*, puis dans celui de *ré*, etc., que pour passer d'*ut*, en *fa*, puis en *si* ♭, etc. Il serait donc plus juste, en apparence, de dire que l'ordre premier des sons , dans le Ton d'*ut* , est *fa* , *ut* , *sol* , *ré* , *la* , *mi* , *si* , puisque les cordes sont diésées dans cet ordre , à partir du Ton d'*ut*. Aussi je doute que personne aperçoive sur quoi M. de Momigny fonde son étrange corrélation.

Remarquons maintenant qu'il n'y a dans la nature ni *bémols* ni *dièses* , mais seulement des tons différens , quelque voisins qu'ils soient dans l'échelle générale. L'existence des dièses et des bémols tient uniquement à l'adoption de notre système de notation que leur présence contribue , par-dessus tout , à embrouiller. Supposons donc que ce qu'il serait très-désirable de voir existât , savoir : que chaque son admis dans le système musical fût représenté par un signe différent , comme cela avait lieu chez les Grecs , ou que la note, signe commun pour nous à tous les sons , occupât sur la portée une position différente pour chaque son de notre système , et reçût un nom particulier , alors les *bémols* et les *dièses* disparaissant , sans que la nature des choses fût changée , il ne resterait plus de trace des fondemens de la théorie musicale de M. de Momigny.

Des gammes.

M. de Momigny, qui commence par repro-
duire exactement la gamme des Grecs, *si*, *ut*,
ré, *mi*, *fa*, *sol*, *la*, emprunte aussi d'eux sa
division en tétracordes, qu'il montre sous
toutes leurs faces.

La seule raison pour laquelle il s'est déterminé à l'adoption de cette gamme, est, dit-il,
« parce qu'elle devait naturellement être cet
» eptacorde, lequel représente les sept cordes
» *diatoniques* dans leur ordre le plus élémen-
» taire. » Tout cela peut être vrai, quoique
ce ne soit pas mon avis ; mais on en cherche
vainement la preuve dans *la seule vraie théorie de la musique*. D'ailleurs M. de Momigny
fait naître lui-même le doute sur la justesse
de son assertion, en ajoutant aussitôt que
« ce même eptacorde primitif dans le Ton
» d'*ut*, n'établit pas bien ce Ton, s'il n'est ac-
» compagné. » Fonder une théorie sur des raisonnemens aussi vagues ne me paraît pas
un moyen propre à assurer sa stabilité.

Du mode *majeur* et du *mineur*.

L'auteur du *Principe Acoustique* a cru pouvoir conclure de l'organisation de l'oreille, qu'il

n'existe en musique qu'un *Ton*, et deux modes dans ce *Ton*, l'un *majeur* et l'autre *mineur*. M. de Momigny dit simplement «que les mo-» dernes comptent seulement deux modes; sa-» voir le *majeur* et le *mineur ;* et que les douze » gammes toniques, en douze Tons majeurs, » formant le tour du clavier, représentent » chacune l'octacorde *ut, ré, mi, fa, sol, la,* » *si, ut,* transporté en douze Tons. » C'est dire la même chose que l'auteur du *Principe Acoustique*, et je pense que c'est la vérité.

M. de Momigny, pour préparer son lecteur à l'exposition de ses idées sur la nature du *Ton,* dit ici que « la substitution du Ton » établi avec des bémols à un Ton établi par » des dièses, a pour objet, 1°. de simplifier la » musique, et 2°. de retourner au Ton par » lequel on a commencé, *du moins en idée,* » *si ce n'est en réalité;* car, ajoute-t-il, on y » revient et on n'y revient pas. *Celui qui lit* » *la musique y revient, et celui qui ne fait qu'é-* » *couter n'y revient pas.* On ne peut absolu-» ment substituer un Ton naturel avec des » dièses à un Ton qui a des bémols, ou faire » l'opération inverse, *sans changer le cours* » *naturel des idées.* Mais cette *inconséquence*

» adoptée par l'esprit, le reste redevient *con-*
» *séquent* jusqu'à une nouvelle métamorphose
» ou substitution qui nécessite une seconde
» *inconséquence.* »

Quoique l'auteur de *la seule vraie théorie*
parte de là pour accuser tout le monde sans
exception, « et les physiciens peut-être plus
» encore que les autres, » de n'avoir rien compris jusqu'à présent à ces sortes de transi-
tions d'un Ton à l'autre, il nous semble qu'il
reste encore permis de se demander si la théorie de la musique se trouve fort éclaircie par
le raisonnement que je viens de citer.

Mais, est-il vrai de dire que celui qui lit la
musique revient alors, en réalité, au Ton primitif, et que celui qui ne fait qu'écouter n'y
revient pas; je ne le pense pas. Si celui qui
ne fait qu'écouter n'a aucune connaissance du
système musical moderne, ni, conséquemment, des signes affectés dans ce système à
l'indication d'un Ton nouveau (et, certes, telle
est l'immense majorité des auditeurs), alors la
perception de la musique ne peut réveiller
dans l'esprit aucune idée des signés correspondans aux diverses modulations qui se suc-
cèdent : l'oreille ne procure que l'idée des
sons tels qu'ils sont véritablement formés et

placés dans l'échelle générale. Ainsi, en raisonnant d'après le principe posé par M. de Momigny, que les sons auxquels on arrive en dernier lieu *sont précisément et sans aucune altération ceux qui constituent le Ton primitif*, il n'y a aucune raison pour que la multitude qui écoute ne revienne pas *en réalité* à ce même ton ; il n'existe bien plutôt aucune raison qui puisse l'empêcher d'y revenir.

Si M. de Momigny entend seulement parler des connaisseurs, je dirai qu'il suffit de supposer qu'ils ne voient pas, et n'ont pas vu la partition qu'ils entendent exécuter, pour qu'on puisse conclure de là qu'eux-mêmes ignorent, ou qu'il est facile de leur faire ignorer généralement, 1°. quelle est l'armure primitive de la clef, et 2°. dans quels Tons certaines modulations conduisent. En sorte qu'on peut assurer qu'il est infiniment peu de personnes, s'il en est, qui, ne connaissant pas une pièce de musique, soient capables, la première fois qu'elles l'entendent exécuter, de voir en esprit, et cela dans tous les cas, la correspondance des sons avec les signes choisis par le compositeur pour les représenter.

Ensuite, pour qu'il fût vrai de dire « qu'on » ne peut absolument substituer un Ton natu-

» rel avec des dièses à un Ton qui a des bé-
» mols, et réciproquement, sans changer le
» cours *naturel* des idées, » il faudrait que le
cours *habituel* des idées des musiciens fami-
liarisés et identifiés par leurs études avec tel
ou tel système de notation, fût évidemment
le cours *naturel* des idées ; or, M. de Momigny
n'essaie aucunement de le démontrer ; aussi
bien lui serait-il fort difficile d'y parvenir.

Au surplus, abstraction faite de ces considérations, je dirai que tout esprit droit dou-
tera toujours qu'une théorie musicale qui
reconnaît *la nécessité d'inconséquences* pour
redevenir *conséquent*, soit *la seule vraie
théorie*.

M. de Momigny regarde en outre, ici, comme
une division qui lui est propre, la division des
effets des sons en effets *physiques* et en effets
intellectuels. Cette opinion se trouve cependant déjà consignée dans les écrits d'un grand
nombre d'auteurs, lesquels considèrent les
effets de l'harmonie comme purement *physiques*, et ceux de la mélodie comme étant du
domaine seul de l'*âme*. Quoi qu'il en soit,
M. de Momigny reconnaît ainsi que la théorie
de la musique doit avoir pour objet principal
la discussion des causes et des lois de cette

double sorte d'effets. Cependant nulle part il ne traite des causes des résultats physiques des sons; il indique quelques-uns de leurs résultats intellectuels relatifs seulement à la science harmonique, mais il ne classe ni les uns ni les autres; il néglige, en outre, la considération de tous les autres effets intellectuels des sons, qui ne se rattachent pas aux études musicales.

L'auteur du *Principe Acoustique*, antérieurement à la publication de la théorie de M. de Momigny, avait déjà traité la question des effets des sons, non-seulement dans cet ouvrage, mais particulièrement dans son cours de *théorie musicale* fait depuis deux ans à l'Athénée; car il y a établi, non-seulement la nécessité de ces deux premières sortes d'effets, mais encore celle de leurs effets *moraux*; il a même essayé de déterminer les causes et les lois, 1°. des effets physiques ou *sensations*; 2°. des effets intellectuels ou *idées* et *jugemens*; 3°. des effets moraux ou *émotions* que l'audition de la musique peut provoquer; il a posé les lois des différences *nécessaires* que la perception d'un *même* morceau de musique quelconque doit produire dans chacun de ces trois effets sur les diverses classes de ses auditeurs, d'où il a été conduit à assigner la forme de composition ainsi que le mode d'exécution les plus convenables à la production du plus grand plaisir possible chez les membres d'une même classe.

Si, comme le même auteur du *Principe Acoustique* le conclut de l'organisation de l'oreille, et comme l'expérience journalière le confirme, ainsi que les observations publiées par les docteurs Colladon, Wollaston et autres, il n'est pas donné aux sons de produire la même sensation dans toutes les circonstances et sur tous les hommes ; si, conséquemment, nul compositeur de musique ne peut espérer qu'une combinaison quelconque de sons produira d'abord les mêmes effets *physiques* sur les divers auditeurs ; si, en outre, il dépend encore moins du même compositeur, qui n'a pas été chargé de diriger leur éducation musicale ni morale, de réveiller en eux les mêmes *idées ;* si les idées réveillées dans notre âme par la perception de la musique, sont généralement pour nous les causes d'un plaisir ou d'un déplaisir bien supérieur au plaisir ou au déplaisir de la sensation physique des sons ; s'il est même nécessaire que, relativement à certains auditeurs, les mêmes sons aient à la fois des résultats physiques, in-

tellectuels et moraux, non-seulement différens, mais opposés; n'est-ce pas méconnaître
totalement le pouvoir des sons et des intervalles, seuls élémens à la disposition du compositeur, que de leur supposer celui d'agir
également sur tous? et surtout l'uniformité
des lois musicales, sans distinction des auditeurs, n'est-elle pas bien faite pour commettre au plus grand des hasards le succès de
toute composition? Il faut donc ouvrir une
autre route plus large à l'instruction théorique
de la musique. Nous pensons que la chose est
non-seulement possible, mais aisée.

Une théorie de la musique, pour être vraie
et complète, pour être réellement utile, nous
paraît devoir envisager d'abord les sons
comme causes de sensations, puisque l'effet premier de la perception auriculaire de
tout son est une sensation. J'ai déjà fait remarquer que M. de Momigny ne s'occupe pas
de cette matière. Ensuite la sensation qui a le
son pour cause, éveille en nous telle ou telle
nature d'idées, selon l'état particulier de l'é-
ducation musicale de chacun de nous, ou bien
elle provoque telle ou telle émotion d'après
l'espèce d'éducation morale que chacun de

nous a reçue. M. de Momigny néglige également de traiter ces questions.

Le but d'un théoricien ne peut pas être autre que celui de rechercher et d'indiquer pourquoi, comment, de combien de manières, et jusqu'à quel point les diverses successions et combinaisons de sons plaisent ou déplaisent. Et lorsqu'un même morceau de musique paraît aussi ennuyeux et fatigant aux uns qu'il est agréable aux autres, le principe sur lequel repose la théorie doit pouvoir rendre raison de ces phénomènes avec une égale facilité. Sans cela, on ne peut espérer de voir cesser l'émission si funeste pour l'art des opinions et des doctrines les plus divergentes. La théorie de M. de Momigny n'est donc aucunement propre à réunir les esprits, à les guider avec clarté et avec sécurité, enfin à terminer les discussions musicales.

Ces préliminaires posés, je passe à l'examen du chapitre capital intitulé :

Du Ton.

« Tout ce qui existe dans la musique réside dans le *Ton*, » dit **M.** de Momigny. Effectivement, la connaissance du *Ton* est l'objet le plus important de la théorie et de la pratique

musicales. Mais on est loin , jusqu'à présent ,
d'être d'accord sur le nombre et la nature de
ses élémens. L'opinion à cet égard de l'école
française est que le *Ton* ne contient que les
sept cordes constitutives de sa gamme majeure
ou mineure. D'où résulte l'admission du principe que l'emploi de toute autre corde amène
une *modulation* ou le passage hors du *Ton*.
L'école italienne moderne diffère ici de sentiment avec l'école française ; ses principes
d'harmonie admettent fréquemment l'emploi
de cordes étrangères à la gamme diatonique
du Ton régnant , sans admettre pour cela la
sortie hors de ce Ton. Ainsi, tout en condui-
sant à des résultats, c'est-à-dire à des compositions semblables , le système harmonique
est envisagé dans les deux écoles sous deux
points de vue fort différens. Là où l'école
française voit une succession de modulations
réelles, l'école italienne ne voit qu'une suite
de sons ou d'accords suspensifs , mais non
destructifs du Ton.

Ce point de doctrine consigné dans les principes d'harmonie de l'école italienne, est com-
battu particulièrement par l'auteur de l'*Essai
sur la musique* ; mais cette discussion n'établit
que mieux la réalité des faits tels que je les

rapporte. Ainsi M. de Momigny n'a pas pensé le premier que l'emploi d'une corde étrangère au Ton , quelle qu'elle fût, ne faisait pas nécessairement sortir hors du Ton. Cette opinion est depuis long-temps celle d'un grand nombre de musiciens.

La question de savoir si la gamme est ou non dans un même *Ton*, longuement débattue est restée indécise. L'oreille, en effet, reconnaît la succession des sept ou huit sons qui la composent, pour appartenir tantôt à un Ton et tantôt à un autre. M. de Momigny cependant n'hésite pas à déclarer que non-seulement la gamme est entièrement dans un Ton unique, mais que le Ton se compose en outre de tous les autres sons chromatiques et enharmoniques intercallés entre les sept sons primitifs. En sorte que, selon lui, « le *Ton* natu-
» rel d'*ut* majeur contient *vraiment* ving-sept
» cordes, dont sept *diatoniques*, dix *chromati-*
» *ques*, et dix *enharmoniques*. »

Avant d'examiner la solidité de cette assertion exclusivement appuyée sur un morceau de musique composé par M. de Momigny, je montrerai dans un autre morceau fort simple que la succession eptacordale *si*, *ut*, *ré*, *mi*, *fa, sol, la,* regardée par M. de Momigny comme primitive et élémentaire dans le Ton d'*ut* majeur, est loin de constituer toujours ce même Ton. Soit donc le chant suivant :

Ce chant ne peut être méconnu pour appartenir au Ton de *fa*. Cependant il commence et finit par le son *ut* prétendu tonique par M. de Momigny, et il ne contient que la succession prétendue élémentaire et primitive des sons dans le Ton d'*ut*.

Le Ton de *fa* est si bien établi ici dans l'oreille, qu'elle y persiste généralement encore dans le cas suivant, lequel commence et finit de la manière la plus propre, en apparence, à déterminer le Ton d'*ut*.

Toutes les fois qu'on disposera, comme dans les exemples précédens, la succession des sons de manière à ce qu'elle présente les harmoniques d'un même son, savoir : sa tierce, sa quinte et son octave, sur les temps *frappés*, et que la *durée* de même que *l'intensité* de ces harmoniques ainsi *rapprochés l'un de l'autre* dans cette succession, seront plus grandes que celles des autres sons intermédiaires, le *Ton* vraiment établi dans l'oreille sera celui du son fondamental auquel ces harmoniques appartiennent.

La considération des intervalles seuls n'est aucunement suffisante pour établir le *Ton*. Pour qu'un son quelconque, appartenant ou étranger à une gamme diatonique déterminée, devienne Tonique ils suffira toujours de le frapper avec une *durée* et avec une *intensité* convenables. Tout ce qui tend à faire prédominer, dans l'oreille, l'impression produite par un son sur celles qui sont produites par les autres sons ou concomitans, ou antérieurs ou suivans, tend à rendre ce son *Tonique*. *L'intensité* et la *durée* d'un son étant éminemment propres à amener ce résultat, sont, pour cela, deux élémens du *Ton* aussi naturels et aussi positifs que le choix même des sons et de leurs intervalles.

Je reprends l'exemple précédent dans le-

quel je conserve le même ordre dans la succession des sons, en modifiant seulement leur
durée. Qu'il devienne :

Eptacorde descendant.

Eptacorde ascendant.

Au lieu de faire ressortir les sons *ut*, *fa*, *la*,
harmoniques de *fa*, comme dans les exemples précédens (1) et (2), celui-ci met particulièrement en évidence les sons *ut*, *mi*, *sol*,
harmoniques d'*ut*. Aussi l'oreille qui ne se repose pas sur le dernier *ut*, dans le premier
cas, et qui appelle alors *fa* pour être pleinement satisfaite, ne désire rien de plus après
ce même *ut*, dans le second.

On voit par ces exemples seuls qu'une même
succession d'intervalles peut incontestablement
appartenir à plusieurs *Tons* différens, lorsque
les sons constitutifs de ces intervalles sont
uniquement modifiés dans leur *durée* et dans
leur *intensité*. Conséquemment ces deux attributs indivisibles du son doivent, autant que
les sons eux-mêmes, être comptés parmi les
élémens les plus positifs du *Ton*.

Je n'ai envisagé jusqu'ici l'influence de la
durée et de l'*intensité* des sons sur le *Ton* qu'à

l'égard de simples successions de sons. Je ferai remarquer, en outre, que cette même influence subsiste à un dégré bien plus sensible encore lorsqu'elle s'exerce sur des accords.

En effet, les deux moyens ordinairement employés, dans l'harmonie, pour établir un *Ton*, sont 1°. l'accord parfait, total ou partiel, sur la note qu'on veut rendre tonique; et 2°. l'accord de seconde, direct ou renversé, c'est-à-dire l'accord formé avec les deux cordes qui sont, l'une, la quarte, et l'autre, la quinte de celle qu'on a l'intention de rendre également tonique. Or le son fondamental du premier de ces deux accords devient tonique, 1°. d'autant plus aisément que l'oreille a été moins vivement frappée par d'autres sons, et 2°. d'autant plus difficilement qu'elle l'a été davantage. Mais, dans toutes les circonstances, ce son fondamental est rendu tonique, lorsqu'on le veut. Il suffit toujours pour cela de frapper une ou plusieurs fois de suite son accord parfait avec la *durée* et l'*intensité* convenables, soit que cet accord appartienne ou non à la gamme diatonique du *Ton* régnant dans l'instant précédent.

Ainsi tout accord parfait peut, d'une part,

être perçu dans un grand nombre de cas où il n'est pas tonique sans le devenir , et de l'autre , il le devient lorsque sa durée et son intensité sont telles que l'impression produite alors par lui sur l'oreille prédomine sur toutes les impressions antérieures. La durée et l'intensité des sons destinés à rendre un son tonique sont aussi fort variables. Le degré auquel il faut porter l'une ou l'autre , ou toutes les deux à la fois pour obtenir ce résultat, est toujours relatif au degré actuel de la vivacité et de la netteté des impressions antérieures. Quand ces dernières n'existent pas, rien n'est plus aisé que de rendre un son tonique.

Semblablement , cet accord de seconde , dont je viens de parler, presque continuellement pratiqué , est loin d'opérer chaque fois le changement de *Ton* pour l'oreille. Lorsque l'impression de ces deux sons distans , soit de fait , soit par le renversement de l'un d'eux , de l'intervalle d'un ton est atténuée par celle qui résulte du frappement simultané d'autres sons, ou lorsque la durée ainsi que l'intensité de cet accord ne sont pas suffisantes pour en faire prédominer la sensation sur celle des accords précédens, l'oreille reste nécessairement préoccupée d'une autre sensation antérieure plus vive ou plus nette à laquelle elle continue de rapporter tout ce qu'elle entend. Alors le *Ton* ne change pas. Mais si, 1°. rien ne motive cette préoccupation, le *Ton* est immédiatement déterminé ; et 2°. si la durée et l'intensité du même accord de seconde font prédominer son impression sur les précédentes, le *Ton* qui était auparavant établi change véritablement.

Ainsi, dans l'harmonie, la *durée* et l'*intensité* de certains sons coopèrent aussi, à volonté, au maintien ainsi qu'au changement du *Ton*. Elles en sont donc des élémens qui doivent indispensablement entrer dans son calcul. La théorie de M. de Momigny négligeant ces considérations, ne peut aucunement résoudre la question de la Tonalité.

En examinant avec attention les exemples apportés par cet auteur en preuve de son sentiment sur le maintien du Ton, dans le cas où l'on emploie des cordes autres que les sept diatoniques, nous ferons, de plus, aisément reconnaître qu'il a été guidé, dans leur composition, par le sentiment de la justesse de la doctrine que nous professons ici, comme nous l'avons déjà fait dans nos écrits et cours publics. En effet, l'exemple suivant :

est celui au moyen duquel M. de Momigny croit prouver que « les cinq cordes chromatiques » par dièses, et les cinq cordes chromatiques » par bémols sont *vraiment* toutes en *ut* natu- » rel majeur, lorsqu'elles sont mariées aux » sept cordes diatoniques de ce Ton. » Cet exemple offre d'abord, à la basse, le son *ut* en *pédale* ou continuellement soutenu. On voit donc déjà qu'un des moyens indiqués par nous comme des plus efficaces pour maintenir l'oreille dans le Ton d'*ut*, est employé. Ce moyen est la grande *durée* du son même *ut*.

Mais qu'on place, 1°., avec discernement, sous la partie supérieure qui contient ici les

cordes dites *chromatiques*, ce me semble, assez arbitrairement, une autre basse formée
de telles ou telles cordes dites diatoniques en
ut; et 2°. puisque, selon M. de Momigny, ces
cordes chromatiques elles-mêmes appartiennent aussi au Ton d'*ut*, que cette basse nouvelle
contienne quelques-unes de ces cordes forte-
ment prononcées par leur *durée* et par leur
intensité, il sera bientôt évident pour M. de
Momigny lui-même que le Ton d'*ut* n'existe
plus aucunement.

En second lieu, et en même temps, M. de
Momigny atténue l'impression sur l'oreille de
ses cordes chromatiques en les plaçant sur le
temps faible ou levé d'une mesure ternaire,
et en ne leur donnant ainsi qu'une durée
moindre de moitié de celle de chaque corde
diatonique. Ainsi la durée des sons diatoniques et la brièveté des chromatiques sont
deux nouveaux moyens de se garantir de la
sortie hors du Ton, entièrement étrangers à la
nature des cordes et des intervalles, mais également déduits de notre théorie.

Dans l'exemple proposé par M. de Momigny
pour démontrer que « les cinq cordes enhar-
» moniques *mi* dièze, *si* dièze, *fa* double
» dièse, *ut* double dièse, *sol* double dièse

» appartiennent également au Ton d'*ut* , » les
deux mêmes moyens sont encore employés ,
et d'une manière plus efficace que dans le
précédent. La pédale *ut*, continuellement présente , est frappée à chaque temps de chaque
mesure, et la *durée* des sons enharmoniques
est encore singulièrement diminuée. Elle ne
comprend que la neuvième partie seulement
de la durée totale de la mesure, qui ne présente en outre qu'un seul de ces sons , placé à
son dernier temps faible. Il est donc nécessaire,
d'une part , que le son *ut* , continuellement
refrappé , soit vivement senti ; tandis que, de
l'autre , il est presque impossible alors qu'aucun des sons enharmoniques fasse quelque impression sur l'oreille , et lui fasse perdre le
sentiment du Ton d'*ut*. Mais si , repoussant cet
artifice de composition que j'appellerais volon-
tiers ici une escobarderie , M. de Momigny
eût employé ses cordes enharmoniques avec
la même prodigalité que les cordes diatoniques, d'une part, et, de l'autre, s'il eût placé
les premières sur les temps et parties de temps
frappés, comme il a grand soin de le faire
pour les cordes diatoniques, il se serait indu-
bitablement aperçu que sa thèse ne pouvait
paraître soutenable aux yeux de personne.

D'après cela, parce que M. de Momigny pense avec l'école italienne moderne, qu'on ne sort pas d'un *Ton* chaque fois qu'on employe des cordes autres que les sept diatoniques de ce *Ton*, il ne me paraît aucunement fondé à émettre, même gratuitement comme il le fait, cette opinion que chaque *Ton* contient ving-sept cordes, tant *diatoniques*, que *chromatiques* et *enharmoniques*, lesquelles peuvent être généralement combinées entre elles sans qu'il y ait *jamais* sortie hors de ce *Ton*, ou *modulation* réelle. La généralité de la conclusion de M. de Momigny est l'erreur la plus évidente.

Après avoir vu M. de Momigny mettre tous ses soins à former le *Ton* de *vingt-sept sons diatoniques, chromatiques et enharmoniques*, il est difficile de ne pas éprouver la plus grande surprise en le voyant abandonner immédiatement ce système de sons pour le réduire à *douze* dans chaque *Ton*, ainsi que les accordeurs d'orgue et de piano, etc., l'ont toujours fait, comme les compositeurs de musique le supposent habituellement, et comme les exécutans le pratiquent aussi communément.

« Il ne faut, dit-il, que douze semi-tons » *justes* et leurs octaves pour former un cla- » vier *général et complet.* »

La vérité est qu'un tel clavier ou système de sons musicaux est seulement très-commode pour passer successivement, sur le même instrument, dans des *Tons* différens, et pour remplir *harmoniquement* toutes les parties d'accompagnement que ces divers *Tons* appellent. Mais supposons qu'on ne puisse jouer sur nos instrumens que dans un seul *Ton*, auquel cas il faudrait changer d'instrumens de même sorte chaque fois que le *Ton* changerait ; qu'on accorde ensuite ces instrumens de manière que 1°. le son tonique forme un intervalle de quinte, juste d'après les théories physiques et mathématiques, avec deux sons, l'un supérieur, et l'autre inférieur, lesquels seront alors ses deux *dominantes* ; et 2°. qu'on détermine d'après les mêmes théories les harmoniques de ces trois sons, en considérant chacun d'eux comme le son fondamental d'un accord parfait. On obtiendra évidemment par cette opération une gamme dans laquelle les dominantes seront mathématiquement justes, et dans laquelle les autres intervalles seront aussi mathématiquement justes à l'égard de leur son fondamental ; il en sera de même de la tonique à l'égard de son octave.

Dans cette gamme, tous les intervalles seront différens, excepté celui d'octave, de ceux qui leur correspondent dans la gamme ordinaire formée des douze semi-tons égaux que M. de Momigny nomme *justes*. Cette gamme cependant, fournira des chants qui seront, ainsi qu'on l'a plusieurs fois observé et écrit, Rousseau particulièrement, plus brillans et plus vifs qu'avec les sons pris dans la gamme ordinaire, dont le caractère est plus tempéré. Si donc la gamme usuelle a plus de douceur, celle qui est formée comme je viens de le décrire, convient mieux que la nôtre dans toutes les circonstances où l'on se propose surtout d'agiter et d'exciter l'auditeur. Ainsi, en adoptant notre gamme, on a fait, et j'en conviens avec raison, à l'immense avantage dont elle jouit de se prêter à douze modulations différentes, le sacrifice d'une qualité d'expression dont aucun de nos douze *Tons* ne peut plus être doué sur tous les instrumens accordés par semi-tons égaux ou supposés tels.

Toutefois nous ne manquons pas d'instrumens, comme le violon, le violoncelle, et autres de cette sorte, à sons mobiles, dont les cordes à vide portent encore maintenant l'accord de quinte mathématiquement juste, c'est-à-dire, forte relativement à la quinte tempérée qui comprend sept des douze semi-tons, dits égaux, de la gamme moderne. Lorsqu'on le veut, on peut aisément, dans certains *Tons* surtout auxquels ces cordes à vide appartiennent comme fondamentales ou comme dominantes, former des chants exclusivement fournis par cette même gamme dont je regrettais un peu plus haut la vivacité. Mais, dès l'instant que ces instrumens sont mêlés dans un orchestre avec tous ceux dont l'accordement est basé sur l'égalité des semi-tons, les propriétés excitatrices dont leurs sons jouissaient auparavant disparaissent plus ou moins complétement sous la masse des autres qui, pris dans notre gamme tempérée, ne sont plus exactement à l'unisson des premiers.

Il est d'ailleurs un fait qui seul prouve, contre le sentiment de M. de Momigny, que notre clavier moderne n'est ni *général* ni *complet*. Les exécutans sur la flûte ont coutume, surtout lorsqu'ils ne sont pas accompagnés, de former deux sons différens indiqués l'un et l'autre par le même signe musical, *si* bémol, l'un lorsqu'ils jouent en *fa*, ou *si* bémol, ou *mi* bémol, etc., et l'autre lorsquils jouent en *sol* mineur. Dans ce dernier cas, le *si* bémol, tierce mineure de *sol*, est très-sensiblement plus bas que dans les précédens. L'oreille n'est donc pas toujours également satisfaite par la division de la gamme en douze semi-tons égaux.

M. de Momigny ajoute : « Ce que la musique exige physiquement, c'est douze semi-tons, » leurs octaves et rien de plus. Ainsi un *ut* » dièse et un *ré* bémol n'ont rien et *ne doivent* » *rien avoir de physiquement différent* , mais » seulement *intellectuellement ;* l'ordre des sons » qui conduit à *ut* dièse n'étant pas le même » que celui qui conduit à *ré* bémol. »

Tel est effectivement l'état des choses dans la manière habituelle d'envisager aujourd'hui la pratique musicale et son système artificiel. Mais je ne pense pas qu'il soit possible à un esprit dégagé de toute influence exercée sur nous par nos premières études, de croire qu'il en doit être *nécessairement* ainsi. Si l'on admet que l'on n'emploie réellement, dans la pratique de l'art, que douze sons différens, et si l'oreille ne demande jamais que ceux-là, comment peut-il être naturel d'en voir *intellectuellement* une multitude d'autres en théorie? Il y a ici un défaut de logique sensible à quiconque n'a pas l'esprit prévenu.

De ce qu'il est très-vrai que, fréquemment, le seul connaisseur en musique moderne voit *intellectuellement* le même son sous plusieurs signes différens, selon qu'on arrive à ce son par telle ou telle modulation , que peut-on rigoureusement en conclure ? Ceci seulement : qu'il a été familiarisé par ses études avec cette représentation multiforme d'un même son , dont chacune lui parait déterminée par la marche des modulations. Mais existe-t-il ou n'existe-t-il pas de bonnes raisons qui nécessitent un tel système de signes et d'idées correspondantes ? Voilà le véritable point de doctrine , le point fondamental que le théoricien ne peut s'abstenir de discuter et de résoudre. Autrement il faudrait admettre que toute opinion accréditée est une opinion vraie. Or, M. de Momigny ne songe encore aucunement à traiter ce point.

Quant à l'origine de la formation de la gamme au moyen de douze semi-tons égaux, elle remonte à l'invention de l'orgue , le plus ancien de nos instrumens sur lequel on a pratiqué *l'Harmonie.* Ce fait était parfaitement connu des théoriciens modernes qui n'ont pas moins cru pouvoir regarder ce système de sons comme n'étant pas le plus naturel. Lorsque M. de Momigny s'en déclare partisan , il ne fait que se ranger de l'avis d'autres théoriciens.

Vandermonde fonde son système d'harmonie
sur l'égalité des semi-tons. Rameau lui-même,
malgré toutes les raisons contraires qui déri-
vaient de ses principes théoriques, a fini par admettre et par proposer cette doctrine. M. de la
Sallette l'a soutenue constamment dans ses divers ouvrages ; il affirme qu'elle était déjà en
vigueur chez les Grecs, et non aucune autre.
L'auteur du *Principe Acoustique*, moins exclu-
sif, reconnaît que l'oreille s'accommode fort
bien de cette divison, mais sans en exiger rigoureusement ni constamment l'emploi. Il
essaie de montrer dans l'organisation et les facultés auriculaires, les causes qui permettent
certaines variations dans le lieu des tons, et
conséquemment dans la grandeur des intervalles, sans cesser de les rendre agréables, et
qui, loin delà, les rendent quelquefois plus
propres à procurer la variété dans l'expression
et les jouissances musicales.

Je dirai maintenant, pour terminer mes observations sur le *Ton*, que la prétendue égalité
des semi-tons est une chimère dans la pratique, et conséquemment, que raisonner dans
la supposition constante de cette égalité, c'est
commettre théoriquement une erreur conti-
nuelle. Pour le démontrer, je me placerai sur

le terrain même choisi par M. de Momigny. Cet auteur apporte exclusivement en témoignage de la justesse de son opinion, l'exemple du Piano qu'il dit accordé par semi-tons justes. Or, on peut dire que cette égalité rigoureuse des semi-tons n'existe communément que par supposition et non en réalité, lors même que l'oreille la plus musicale est pleinement satisfaite. Car à chaque touche du Piano répondent aujourd'hui trois cordes que le même marteau frappe à la fois. Or quel est, 1°. l'accordeur qui se flattera de faire rendre à chacune de ces trois cordes des *unissons parfaits*, seulement dans le premier instant ; et qui pourra d'ailleurs garantir pendant cinq minutes la continuité de cet état ? 2°. Quel est le musicien qui ne conviendra pas que, durant l'exécution d'une pièce de musique, il est incapable d'apprécier une différence fort légère entre ces unissons ?

Le fait le plus incontestable est que le défaut d'homogénéité des cordes, 1°. les rend plus sensibles les unes que les autres à l'élévation ou à l'abaissement de la température, sous une tension donnée, et 2°. fait qu'après l'accordement elles s'étendent davantage les unes que les autres, lorsqu'elles restent ten-

dues par la même force. De là dérive une différence nécessaire, telle faible qu'elle soit,
entre les sons que chacune d'elles rend. Et l'on
peut assurer qu'il n'arrive presque jamais dans
la pratique, que le son formé par les trois cordes supposées à l'unisson pour une même touche, ne soit pas un assemblage de trois sons
réellement différens. Ce que je dis ici à l'égard
d'une touche du Piano, ne se rapportant pas
particulièrement à l'une d'entre elles, est également vrai pour toutes.

Or, dans cet état de choses, chacune des trois
cordes frappées par une même touche forme,
par les mêmes causes, avec toute autre corde
déterminée trois intervalles nouveaux, différens aussi entre eux d'une quantité plus ou
moins petite, quoiqu'on les suppose des intervalles composés d'un nombre quelconque de
semi-tons justes. Ainsi le Piano cité par M. de
Momigny comme une autorité irrécusable
contre les physiciens et les mathématiciens,
fournit des armes également foudroyantes
contre *la seule vraie Théorie.*

Pareillement en supposant qu'un orchestre
soit même parfaitement d'accord au commen-
cement d'un morceau, rien ne garantit encore

la perpétuité de cette justesse, ni dans les instrumens à sons fixes, ni à sons mobiles.

Mais ce qu'il importe surtout de remarquer
ici, c'est que, durant l'exécution, la température des instrumens s'élève. Or cette élévation produit deux effets opposés sur les instrumens à cordes et sur les instrumens à vent;
elle fait baisser le ton des premiers et hausser
celui des seconds. Cependant cet ensemble
de sons qui forment alors des intervalles
d'unissons, d'octaves et de toute autre sorte,
plus ou moins différens entre eux, c'est-à-
dire plus ou moins faux, continue à charmer
l'oreille tout le temps que cette différence
reste légère. Cette remarque seule est suffisante pour renverser toute théorie fondée sur
la justesse rigoureuse des semi-tons, et, généralement des intervalles, celui de l'unisson compris.

Toutefois je dois ajouter que M. de Momigny, entraîné par le sentiment de ces vérités
contraires à son système, est obligé ensuite de
se mettre en contradiction avec lui-même; car
il dit beaucoup plus loin (Chapitre des transi-
tions enharmoniques) : « si l'accordeur, *par
» esprit de système ou par défaut d'habitude,
» a rendu ses semi-tons inégaux, ils restent*

» susceptibles d'appartenir aux cordes du
» *Ton*, si la différence n'est pas assez grande
» pour *dénaturer* le semi-ton. ✳

Ainsi M. de Momigny admet aussi que la gamme pratique peut être formée d'intervalles plus grands ou plus petits que le semi-ton et ses multiples , malgré l'embarras évident qu'il éprouve à faire cette concession. Mais comment est-il possible d'altérer le semi-ton sans le dénaturer ? ou bien , si on ne le dénature pas en l'altérant , ne peut-on pas retomber alors , en tout ou en partie , dans l'une ou l'autre des gammes que M. de Momigny veut proscrire ? Comment peut-on écrire à-la-fois qu'il peut exister entre deux semi-tons des différences qui ne les dénaturent pas ; et ailleurs , page 126 , que « tous les intervalles » sont inaltérables de droit : » puis, page 127, que « la variation est inadmissible dans ce » qui est immuable de sa nature. »

La vérité est donc que l'oreille , 1°. ne demande pas exclusivement des semi-tons justes ; 2°. qu'elle agrée des gammes dans lesquelles les intervalles de ton et de semi-ton ne sont pas même supposés égaux entre eux ; 3°. qu'elle se contente toujours d'*à peu près* , pourvu qu'ils soient compris entre certaines limites

assez rapprochées , mais cependant variables ;
et 4°. qu'elle préfère même *quelquefois* ces *à
peu près* à la justesse rigoureuse des intervalles.

D'après l'énonciation de ces faits entièrement opposés à toutes les théories numé-
riques, au nombre desquelles se trouve aussi
celle de M. de Momigny , qui établit l'égalité
nécessaire des semi-tons, il reste au théoricien le devoir de rendre raison de ces mêmes
faits. Or ils ne peuvent évidemment être ex-
pliqués que par la connaissance ou positive ou
au moins systématique des facultés de l'organe
de l'ouïe. Cette tentative , je le répète , a été
faite par l'auteur du *Principe Acoustique,* tant
dans cet ouvrage que dans des mémoires pré-
sentés postérieurement à l'Académie des sciences. Là se trouve l'exposition des causes organiques qui permettent d'assigner la raison des
divers phénomènes de l'audition musicale.

En somme , l'opinion de M. de Momigny
relativement à la nature des intervalles propres à satisfaire l'oreille et à former une
gamme, n'est donc ni *nouvelle,* ni *juste.*
Nous avons déjà fait reconnaître antérieurement qu'il tombait également dans une erreur
non nouvelle en soutenant que les douze cordes
comprises entre un son et son octave apparte-

naient constamment au même *Ton*. Conséquemment la doctrine qu'il professe à l'égard
du *Ton* est aussi fautive qu'elle est d'ailleurs
superficielle et gratuite.

Modes majeur et mineur.

M. de Momigny s'élève ici avec force contre
l'usage établi d'indiquer à la clef la différence
du mode majeur au mode mineur d'un même
Ton , par l'abaissement d'un demi-ton de la
tierce , de la sixte et de la septième. Il pense
que cette dernière ne doit jamais être abaissée ; et il donne cette opinion comme lui
étant propre. Or ce même point de doctrine
modale se trouve déjà discuté et logiquement
établi dans le *Principe Acoustique* (Art. Mode
mineur). De plus , les planches de musique
gravée à la fin de cet ouvrage contiennent
plusieurs exemples de musique élémentaire à
une partie seule , en mode mineur , et jamais
la septième n'y est abaissée. L'armure de la
clef indique seulement l'altération de la tierce
et de la sixte. M. de Momigny ne peut donc
s'attribuer la priorité de cette observation.

Je suis presque confus d'élever aussi souvent des réclamations en faveur du *Principe
Acoustique* et des autres pensées que j'ai ren-

dues également publiques, tant par leur communication à l'Académie des sciences, que dans un cours d'*Audition Musicale* fait à l'Athénée royal. Mais M. de Momigny, en ne me citant jamais, m'oblige à revendiquer ce qui est à moi, quel qu'en soit d'ailleurs le mérite.

CHAPITRE III.

Harmonie.

Le point principal de la doctrine harmonique de M. de Momigny est exposé ainsi qu'il suit :

« L'échelle des intervalles gradués d'après
« la simplicité du rapport des nombres, qui
» divisent le monocorde, est-elle aussi gra
» duée selon le degré de consonnance de cha
» cun de ses échelons ? Non ; car la quinte et
» la quarte y prennent rang avant la tierce
» majeure ou mineure, *qui vient après l'octave*
» dans la véritable échelle des consonnances. »
Il ajoute : « qui dit cela ? *Moi*, *d'après l'o*
» *reille*, et d'après chaque morceau de mu
» sique à plusieurs parties. C'est contre toute
» évidence que les physiciens, et les musiciens
» trompés par ceux-ci, prétendent que la

» quinte et la quarte sont plus consonnantes.
» que la tierce et la sixte ; et de là sont dé-
» coulées toutes les absurdités insoutenables
» qu'on s'obstine cependant à soutenir et à
» propager , soit à l'École royale de musique ,
» soit *dans les cours d'acoustique* , et jusque
» dans l'Académie des sciences. »

Après cette assertion aussi positive que tran-
chante : « qui dit cela? *Moi*, d'après l'oreille, »
qui serait tenté de penser que la même opinion se trouve encore discutée et consignée
dans le *Principe Acoustique*, et qu'elle a, de
plus , été développée à l'Athénée? telle est cependant l'exacte vérité.

On lit : (Prin. acous., p. 182). « Nous avons
» pu induire delà , dis-je, et nous concluons
» que , 1°. tout accord composé de deux cor-
» des prises dans la gamme diatonique d'un
» Ton, *formant entre elles un intervalle de tierce*
» *quelconque*, et 2°. que tout accord composé
» de trois sons formant dans la même gamme,
» réellement ou originairement, deux tierces
» consécutives, c'est-à-dire directes ou ren-
» versées , était pour l'oreille la source con-
» stante du plaisir le plus doux. »

Dans son cours de musique, le même auteur
du *Principe Acoustique*, a discuté les degrés

de consonnance de la quarte, de la quinte et
de l'octave comparativement à celui de la
tierce. Il a fait remarquer que la simplicité du
rapport qui existe entre les nombres correspondans à deux sons, indiquait non le degré de
suavité, comme Euler l'a écrit, mais le degré
de netteté et d'homogénéité de la sensation causée par l'accord formé de ces deux sons, qualités desquelles dérive la vivacité de la sensation.
L'atténuation de cette vivacité dans les intervalles de tierce majeure, puis mineure, occasionne, pour ces deux derniers cas, la sensation
la plus douce possible; en sorte que je suis
fort loin de placer, comme M. de Momigny le
fait, l'octave à un degré de consonnance plus
agréable que la tierce; j'ai défini, au contraire,
l'intervalle de tierce, de préférence à tout autre, *l'intervalle du plaisir harmonique*. Si telle
est la nature des choses, l'observation m'en
appartient donc et non à M. de Momigny.

Au surplus, en matière de musique, tout ce
que l'oreille agrée est naturel. Ce qu'un auditeur quelconque agrée le plus est ce qu'il y a
de plus naturel pour lui. S'il y a dans la formation ainsi que dans le choix de certains
intervalles quelque chose de plus naturel que
dans d'autres, c'est ce qui convient le mieux

à la production du grand effet possible sur un auditeur déterminé. En sorte que les intervalles et leurs choix les plus naturels à l'égard de l'un peuvent fort bien l'être moins à l'égard de l'autre. Aussi les règles générales et uniformes de composition nous paraissent-elles dans la théorie de M. de Momigny un défaut capital, assez commun à la vérité, mais dont *la seule vraie Théorie* nous paraît devoir être exempte.

Quand M. de Momigny écrit ensuite que ce n'est pas le physique d'un intervalle qui le rend consonnant ou dissonnant ; quand, s'appuyant sur cette étrange idée, il en déduit cette conséquence plus étrange encore, que l'accord *sol* dièse, *si, ré, fa* est plus *harmonieux* que l'accord *la* bémol, *si, ré, fa,* quoiqu'il vienne de dire immédiatement auparavant que le physique de la consonnance *sol* dièse, *si,* est le même que celui de *la* bémol, *si ;* lorsqu'il dit ici, en un mot, qu'un accord formé deux fois précisément avec les mêmes sons et rangés dans le même ordre, est tantôt plus, tantôt moins *harmonieux* que lui-même ; quand il reproduit longuement, pour les combattre, comme si on ne l'eût pas encore fait, les raisonnemens des physiciens qui s'appuient sur les propriétés des nombres pour

représenter les intervalles musicaux, tandis
que, 1°. Chladni reconnaît dans son *Traité
d'acoustique*, (p. 11); « Qu'un monocorde ne
» peut pas servir pour établir les principes
» d'harmonie. » Puis : (p. 35); « Que le tempé-
» rament égal est le plus conforme à la na-
» ture; » et 2°. l'auteur du *Principe Acoustique*
avance que toute considération de nombres est
aussi inutile qu'insuffisante pour l'établissement de la théorie de la musique ; quand
M. de Momigny traite de *discords* ou d'*accords
qui n'en sont pas*, dans le Ton *d'ut*, les accords
les plus usités dans ce *Ton;* tels que *la, ut, mi,
sol; ré, fa, la, ut; mi, sol, si, re;* quand il
n'ose frapper dans ce Ton, l'accord de quarte
et sixte *sol, ut, mi,* sans préparation, quoique cet accord entretienne dans l'oreille le
sentiment du Ton *ut,* presqu'autant que l'accord fondamental *ut, mi, sol;* quand il dit
même, que la fausse quinte est plus harmonique et surtout *plus consonnante.* que la quinte
juste ; lorsqu'il annonce l'existence de modulations *négatives,* et qu'il dit cependant qu'on
est toujours dans un *Ton* quelconque, et que
l'on ne peut sortir de l'un sans entrer dans
un autre ; lorsqu'il pense anéantir le tempérament en écrivant que « 80 est l'*unisson par-*

» *fait* de 81 ; parce que s'il en était autrement
» la quinte ne serait pas la quinte, ou l'octave
» ne serait pas l'octave ; » lorsqu'il établit,
à l'égard de la mesure à trois temps, que des
trois temps qu'elle contient, un seul est frappé,
lequel est le temps fort, dont la durée est double de celle du temps faible ; ce qui est entièrement en opposition avec ce qui se pratique
en Italie, où chaque mesure ternaire se divise,
durant l'exécution, d'abord en deux temps
réellement frappés séparément, puis un troi-
sième levé, lesquels sont tous égaux en durée,
etc., etc., il devient parfaitement évident que
le vague, le défaut de liaison, l'arbitraire,
l'obscurité ainsi que les contradictions de ses
idées théoriques ne le conduisent qu'à répan-
dre à pleines mains le doute et les ténèbres
sur la doctrine des sons, loin de les dissiper.

Dans le même ch. *Harmonie*, M. de Momigny introduit comme source exclusive du beau,
et comme une pensée qui vient de lui, *la variété dans l'unité*. A défaut de bases établies
sur quelques points des sciences exactes ou naturelles, il croit trouver dans cette pensée un
point d'appui très-important. Il la fait conséquemment servir à la discussion des diverses
propriétés des accords. Il la reproduit ensuite

sous un grand nombres de faces dans le reste de son livre. Ce principe métaphysique peut-être vrai. Mais de combien d'interprétations différentes et même opposées n'est-il pas susceptible? Combien de choses ne faudrait-il pas dire avant de faire tomber chacun d'accord sur le sens qu'il faut attacher à cette courte phrase, et ensuite sur la convenance de son application à la musique? Nûment énoncé, ce principe n'apprend rien ; il ne peut rien déterminer de fondamental ; il ne démontre rien. Il ne peut donc fournir aucune règle positive. D'un autre côté, cette pensée n'appartient pas plus à M. de Momigny que toutes celles dont j'ai déjà fait connaître les premiers auteurs. Saint Augustin, l'un des hommes les plus instruits et les plus éloquens de l'antiquité, nous apprend dans ses admirables confessions qu'il avait composé un traité malheureusement perdu sur le *Beau*, dans lequel il assignait pour le type du beau dans tous les genres, *la variété dans l'unité*. Cette opinion, postérieurement modifiée ou rejetée par les critiques, a été, l'an dernier encore, proposée et développée dans son intégrité primitive comme la condition principale ou le caractère distinctif du beau, dans un cours de littérature fait à Paris.

M. de Momigny renouvelle très-fréquemment ses attaques contre les théories de
MM. Catel et Reicha. Mais ces théories, continssent-elles les erreurs signalées par leur antagoniste, auront toujours sur *La seule vraie
Théorie de la Musique* l'avantage d'employer
un langage convenu et adopté. Il me semble que
pour déterminer à cesser d'en faire usage, il
convient d'en proposer un autre dont la justesse et la précision soient bien reconnues.
Mais substituer une doctrine erronée et gratuite à une autre doctrine reçue, quelle qu'elle
soit, ce n'est rien faire dans l'intérêt de l'art.
C'est, au contraire, hérisser inutilement sa
pratique des difficultés nouvelles qui résultent de l'étude d'un nouvel idiome.

Aujourd'hui la nomenclature usitée des *intervalles* et des *accords* est déjà fort étendue,
sans être très-philosophique. Non seulement
M. de Momigny la conserve entière, mais il la
surcharge encore de classifications nouvelles,
telles que celles ci :

Tetracordes : *Compairs* et *dissemblables*;
pareils et *non pareils*.

Intervalles : *Consonnant* ou *harmonique*; *dissonnant* ou *inharmonique*, c'est-à-dire *mélodique*; *moins harmonique et presqu'inharmoni-*

que, lesquels comprennent en particulier des octaves et des unissons *faux*, *superflus* et *maximes*, ainsi que des quartes et des sixtes *minimes*, *diminuées* et *superflues*, etc.

Accords : *Concluant* et *inconcluant*; *appelant et appelé*; *moins concordant* et *presque discordant*; *antécédent* et *conséquent*.

Cadences : *Imparfaite*; *parfaite*: *parfaite et finale*; *complétive* ou *confirmative*; *complète*, *incomplète*; *masculine*, *féminine* : cette dernière résultant de l'addition d'une note à la *chute masculine*, pour former la *rime*, la *desinence* ou la *chute féminine*.

Morceau de musique : Il doit se décomposer en *grandes parties* ou *reprises* divisées chacune en plusieurs *grandes périodes* contenant aussi chacune des *stances* ou *couplets* composés de *vers rythmés* et *non rythmés*, en nombre *pair*, formés de deux *hémistiches égaux* ou *inégaux*, *pareils*, *paraphones* ou *non paraphones*, et comprenant enfin chacun plusieurs *cadences* ou *pieds* formés de *deux notes* si la cadence est masculine, et de *trois notes* si la cadence est féminine.

Voix : *Univoque* et *polivoque*.

Mélodie : *Bivoque*, *trivoque*, *quadrivoque*, etc.

Je me bornerai à dire qu'au lieu de ces clas-

sifications, qui me paraissent au moins oiseu-
ses, il serait infiniment plus convenable de ne
pas négliger entièrement pour elles l'exposition de tous les effets physiques et intellectuels
des sons correspondans, 1°. à une combinaison donnée de sons sur différens auditeurs ;
et 2°. à différentes combinaisons de sons sur le
même individu.

J'ajouterai que le résultat le plus fâcheux,
mais aussi le plus sûr de l'admission de la doctrine de M. de Momigny, serait de fatiguer, en
pure perte, l'attention de tout compositeur ; de
l'entraîner au sacrifice des beautés réelles, et
d'enchaîner son imagination par la pensée que
la contexture de chaque morceau doit satisfaire avant tout à la multitude des conditions
plus ou moins puériles dont je viens de présenter la série. Je pense, en effet, qu'il est
possible d'exposer une théorie complète de la
musique sans entrer dans aucune de ces considérations.

Du phrasé et de l'expression.

Je terminerai mes observations à ce chapitre, qui est à peu près le dernier du livre de
M. de Momigny. Je lis :

« Le phrasé est généralement senti par les

» bons musiciens, parce qu'ils comprennent
» le sens du discours musical... Cependant
» avant que j'eusse reconnu que tout dans ce
» discours se réduit à la cadence masculine ou
» féminine, complète ou incomplète, il était
» impossible de tracer les règles du phrasé; *le*
» *principe de ces règles étant à découvrir en-*
» *core.* »

Ainsi, selon M. de Momigny, le compositeur, seul régulateur des intervalles, seul
maître de distribuer à son gré « les notes suc-
« cessives dont l'accouplement forme la ca-
« dence, » détermine aussi seul le *phrasé*. Or,
rien ne me paraît plus faux que cette idée sur
la nature du phrasé, dont le *principe* a d'ailleurs été exposé dans le *Principe Acoustique*.

D'après nos considérations, le phrasé dépend principalement de l'exécutant. Le phrasé
résulte des diverses modifications que *le même
son formé* peut subir.

La *durée* de chaque son est fixée par le compositeur. Conséquemment la différence de
l'effet sur nous d'un même son lent ou bref,
peut-être présumée par le compositeur éclairé,
je ne dis pas calculée. Car tout son, indépen-
damment de sa *durée*, est toujours formé sous
un *timbre* qui lui est propre; il a, en outre,

plus ou moins d'*intensité*, et surtout plus ou moins de *plénitude*. Ce *timbre*, cette *intensité* et cette *plénitude*, attributs inséparables de chaque son, sont les élémens du phrasé. Le compositeur peut au plus faire connaître que son intention est que tel son ait de l'intensité ou qu'il en soit privé ; mais le degré précis de son intensité ou de sa faiblesse ainsi que les nuances qui lient souvent entre eux les divers degrés de l'intensité d'un même son, il ne détermine rien de cela : c'est l'exécutant.

Quant au *timbre* et à la *plénitude*, le premier de ces attributs est exclusivement déterminé par l'espèce de l'instrument, le gosier compris ; et le second, par la qualité de cet instrument combinée avec le talent de l'artiste. L'exécutant, lui-même, ne peut changer le timbre assigné par la nature à chaque instrument ; mais l'exercice et l'étude lui apprennent à en tirer des sons de plus en plus *pleins* ou *nourris*, quel que soit leur timbre, et leur degré d'intensité ou de faiblesse : l'effet d'un même son sur nous est donc nécessairement très-variable. Cette différence a pour cause unique la différence qui règne entre ses attributs, selon que ce son est formé par tel ou tel exécutant. Conséquemment le compositeur peut au

plus présumer, mais non calculer son effet.
Aussi n'y a-t-il souvent rien de commun entre
les résultats sur un même auditoire de l'exé-
tion d'un même morceau, suivant qu'elle est
confiée à des artistes doués ou privés du talent
de phraser, quoique les uns et les autres aient
cependant satisfait complètement à la double
condition de jouer en mesure et avec justesse.

L'auteur du *Principe Acoustique* rend raison de ces divers effets physiques d'un même
son, par la différence des modifications affec-
tées par la substance nerveuse de l'oreille,
lorsque nous percevons ce son *différemment
formé*, c'est-à-dire varié dans ses qualités at-
tributives, tout en restant placé au même dégré de l'échelle générale des sons. Sa théorie
fournit ainsi les lois physiques et physiologi-
ques du *phrasé*, que M. de Momigny regarde
cependant comme une simple chose de sentiment, et encore pour les bons musiciens seulement.

L'étude du son *formé*, des variétés nécessaires de ses effets, et surtout des causes de ces
variétés, est entièrement négligée par M. de
Momigny. Sa théorie pèche donc encore es-
sentiellement, de ce côté, par la base.

La musique n'existe que par l'exécution; de

plus, elle n'est goûtée qu'en raison des facultés auriculaires de chaque auditeur. La différence dans l'exécution d'un même morceau, joué avec mesure et justesse, résulte de toute différence introduite dans ceux des attributs de chaque son qui sont à la disposition de l'exécutant seul ; ensuite l'effet physique d'un mode d'exécution quelconque sur un auditeur déterminé est relatif à l'état de son oreille. La nature du son *formé* et non du son *intellectuel*, d'une part, et de l'autre, les causes organiques et physiques des différences de son effet sur les divers auditeurs, sont donc les deux points qu'il faut d'abord traiter pour en déduire une théorie de la musique à laquelle on puisse donner avec quelque vraisemblance le titre de *vraie*. Sans la connaissance préliminaire de ces deux points ; en ne s'occupant, en outre, que des intervalles, dans la supposition habituelle que leur triple effet, physique, intellectuel et moral, est le même sur tous les auditeurs, on tombe donc nécessairement dans les méprises les plus fortes et les plus inévitables quant aux résultats de la perception d'un morceau de musique quelconque, et, conséquemment, quant à la convenance d'une facture uniforme.

Rien dans la théorie de **M.** de Momigny ne peut préserver de ces méprises.

De là je conclus finalement que cette théorie est aussi incomplète qu'elle est gratuite. Loin de la regarder comme *vraie* dans les seules parties qu'elle embrasse, je crois avoir suffisamment prouvé qu'elle était *erronée* dans ses points principaux. J'ai, de plus, fait reconnaître qu'un grand nombre de pensées fondamentales, présentées comme nouvelles par M. de Momigny , ne lui appartenaient pas. Aussi la publication de cet ouvrage ne me paraît d'aucune utilité pour la théorie ni pour la pratique de l'art, quoique son auteur s'y montre d'ailleurs fort habile dans la science des combinaisons des sons.

RÉSUMÉ.

Genre diatonique et gammes.

La disposition des sons *si* , *mi* , *la* , *ré* , *sol* , *ut* , *fa* , est indiquée sans aucune preuve, par M. de Momigny, comme constituant leur ordre primitif dans le genre *diatonique* ou *principal*.

Ainsi la première base de sa théorie est entièrement gratuite. La simple analogie qu'il propose entre cet ordre de sons et celui par lequel on passe successivement du Ton d'*ut*, aux Tons de *fa*, puis de *si* bémol, puis de *mi* bémol, etc., ce qui amène l'ordre des sons bémolisés, *si* bémol, *mi* bémol, *la* bémol, etc., correspondant, aux bémols près, à l'ordre *si*, *mi*, *la*, *ré*, etc., n'est aucunement admissible.

Modes majeur et mineur.

M. de Momigny pense, après l'auteur du *Principe Acoustique*, qu'il n'existe en musique qu'un *Ton*, et deux modes dans ce *Ton*, l'un majeur et l'autre mineur. Il n'appuie son opinion sur aucune démonstration. Je n'en contesterai cependant pas la justesse : j'en réclame seulement la propriété.

Lorsque M. de Momigny s'élève avec véhémence contre l'usage général d'abaisser d'un semi-ton, à l'armure de la clef du mode mineur, la tierce, la sixte et la septième ; lorsqu'il réduit ces trois cordes à deux : savoir, la tierce et la sixte, il reproduit encore, sans le donner à connaître, les conclusions tirées par l'auteur du *Principe Acoustique*. La théorie du mode mineur ne présente rien de nouveau dans l'ouvrage de M. de Momigny.

Mais il me paraît tomber dans une grande erreur lorsqu'admettant plus loin, pour princide fondamental, que le nombre des sons se réduit en musique à douze et à leurs octaves, il pense qu'après avoir conduit successivement la modulation dans ces douze *Tons*, celui qui lit la musique revient, en réalité, au *Ton* primitif, et que celui qui ne fait qu'écouter n'y revient pas.

La division des effets des sons, en effets *physique* et *intellectuel*, sur laquelle M. de Momigny insiste particulièrement, et qu'il annonce comme une de ses découvertes, n'est ni nouvelle, ni complète. Elle a été déjà établie par plusieurs auteurs. Selon l'un deux, l'effet des sons est triple : savoir, physique, intellectuel et moral. Au surplus, M. de Momigny ne recherche pas plus les causes qu'il ne trace le tableau des deux effets qu'il admet.

Du Ton.

Le *Ton* contient *vraiment*, selon M. de Momigny, vingt-sept cordes, dont sept diatoniques, dix cromatiques et dix enharmoniques, lesquelles sont intercallées entre tout son et son octave. Il affirme aussi qu'elles peuvent être toutes indifféremment employées sans

qu'il y ait *jamais* sortie hors du *Ton*. La faus-
seté de la généralité de cette assertion, avancée
encore sans démonstration, résulte surtout de
de ce que M. de Momigny oublie de compter
la *durée* et *l'intensité* des sons parmi les élémens du *Ton*. Chaque corde, en effet, peut
toujours devenir tonique si elle est frappée
avec la durée et avec l'intensité convenables.

Soit qu'on regarde avec M. de Momigny
l'eptacorde *si, ut, ré, mi, fa, sol, la,* ou,
avec d'autres théoriciens, la gamme, *ut, ré,
mi, fa, sol, la, si,* comme présentant l'ordre
naturel et primitif des sons, disposés *diatoni-
quement,* on ne peut aucunement conclure de
la seule considération des intervalles alors formés par cette série, qu'elle est dans un même
Ton. Il suffit de faire varier la *durée* de quelques-uns des sons qui la composent, pour déterminer tantôt un Ton et tantôt l'autre, c'est-
à-dire pour que la série soit en totalité dans
des *Tons* différens, quoique l'ordre des sons et
leurs intervalles restent les mêmes.

A plus forte raison, lorsqu'on interpose entre ces sept sons diatoniques, cinq sons nouveaux pour en former la série seule de douze
sons, la *durée* combinée avec *l'intensité* de ces
sons étrangers à la première série, est-elle

un moyen bien plus efficace encore de placer,
à volonté, la série nouvelle dans un bien plus.
grand nombre de *Tons* différens.

La théorie de M. de Momigny négligeant
ces observations, ainsi que celles qui se rap-
portent à la disposition relative des sons la
plus propre à rendre l'un d'eux tonique, ne
peut aucunement résoudre la question capi-
tale en musique, celle de la *Tonalité.*

Après avoir divisé l'octave en vingt-sept
sons, et après avoir discuté la convenance de
leur emploi dans plusieurs exemples qu'il a
composés, M. de Momigny abandonne ce système de sons. « Il ne faut, dit-il, que douze
semi-tons *justes*, et leurs octaves, pour former
« un clavier général et complet. » Les quinze
autres sons n'existent qu'*intellectuellement*,
selon M. de Momigny, quoiqu'ils soient *physiquement* représentés par tel ou tel des douze
sons conservés et seuls frappés, dans tous les
cas. M. de Momigny ne démontre pas non plus
cette proposition. Je remarquerai en outre,
que, 1°. la division de la gamme en *douze*
semi-tons n'est aucunement nouvelle, et 2°. que
l'idée qu'on reste souvent dans un *Ton* établi
lorsqu'on employe quelques cordes étrangères
à sa gamme diatonique, ne l'est pas davan-

tage. Ainsi M. de Momigny ne peut.compter ces points de doctrine au nombre de ses découvertes.

Quant à l'égalité rigoureuse des douze semitons, elle est une chimère, même sur le Piano qui est la seule autorité sur laquelle M. de Momigny s'appuie. L'expérience démontre qu'on n'est jamais parfaitement certain d'obtenir cette égalité précise, en pratique, mais encore qu'elle n'est aucunement nécessaire au plaisir de l'oreille. M. de Momigny l'a senti. Aussi dit-il qu'on peut *altérer* les semi-tons sans les *dénaturer*. Cette manière commode d'argumenter et ses conséquences, placent évidemment M. de Momigny en contradiction avec lui-même, sans éclaircir sa théorie de la musique.

La doctrine professée par M. de Momigny, relativement au *Ton*, me paraît aussi fautive qu'elle est d'ailleurs superficielle et gratuite.

Harmonie, etc.

M. de Momigny combat, après plusieurs autres écrivains, la classification habituelle des consonnances; mais il s'énonce comme étant le premier qui l'ait fait. Il assigne à la tierce un degré de consonnance supérieur à celui de la quinte et de la quarte. Ici il a en-

core été précédé par l'auteur du *Principe
Acoustique*. L'importance fort grande atta-
chée par M. de Momigny à cette sorte de considération sur la nature des consonnances avait
donc été déjà sentie et appréciée.

L'idée suivante, que ce n'est pas le *physique*
d'un intervalle qui le rend *consonnant* ou *dissonnant* paraîtra à tout le monde fort extraor-
dinaire. Elle l'est d'autant plus dans la théorie
de M. de Momigny, qu'il vient d'y assigner
les degrés de consonnance de la tierce, de
l'octave, etc., d'après la considération seule
du physique de ces intervalles. Mais l'opinion
qu'un même accord formé deux fois, précisément avec les mêmes sons physiques, et rangés dans le même ordre, est tantôt plus,
tantôt moins *harmonieux*, selon les signes musicaux sous lesquels il est écrit, est bien plus
surprenante encore. La fausse quinte, dit-il
aussi, est plus harmonique, et surtout *plus
consonnante* que la quinte juste. Plus loin, en
traitant du tempérament, il croit l'anéantir
en écrivant que 80 est l'*unisson parfait* de 81.
De semblables pensées, et beaucoup d'autres
hasardées sans autre preuve que la confiance
de l'auteur dans leur justesse, me paraissent
porter au plus haut degré d'évidence le vague,

l'incohérence, l'arbitraire et les contradictions que présente la théorie de M. de Momigny.

Dans le cours de cet ouvrage, *L'unité dans la variété* est un autre principe dont M. de Momigny s'approprie également la découverte, et auquel il fait jouer le plus grand rôle. Il l'applique même à la discussion des propriétés des accords. Ce principe *métaphysique* ne peut rien démontrer, quand même il serait vrai et applicable à la musique, *pas plus que tout autre de même nature*, lorsqu'il s'agit de rendre raison de sensations, et d'exposer la relation qui lie les sons formés en dehors de nous à l'effet qu'ils produisent sur l'organe qui les perçoit. Au surplus, la pensée que l'*unité dans la variété* est le caractère distinctif, le type du beau dans tous les genres, appartient à saint Augustin.

Ce principe, destiné à suppléer ici le défaut d'idée mère puisée dans les sciences soit mathématiques, soit physiques, soit naturelles, achève de montrer le peu de consistance des bases de la théorie de M. de Momigny.

Phrasé et expression.

Faute d'avoir examiné la nature du son *formé*, M. de Momigny ne s'occupe jamais des variétés de l'effet d'un même son. Il raisonne constamment dans la supposition fausse que les effets de la musique résultent uniquement du choix des intervalles. Il suit de là qu'il fait consister aussi le *phrasé* dans la disposition des sons en *cadences masculines et féminines ;* c'est-à-dire, qu'il range aussi le *phrasé* dans le domaine du compositeur de la musique. S'il en était ainsi, un même morceau exécuté précisément comme le compositeur l'a écrit dans tous ses détails, produirait nécessairement le même effet sur tous les auditeurs. Or l'expérience journalière prouve que la seule partie physique de cet effet dépend souvent davantage de l'art de l'exécutant et de l'état de l'oreille de l'auditeur, que des combinaisons des sons. Le principe du *phrasé*, que M. de Momigny dit encore inconnu, existe, selon l'auteur du *Principe Acoustique*, dans les variétés dont chaque attribut d'un même son est susceptible, et particulièrement dans son *intensité* et sa *plénitude*, qui sont spécialement du ressort de l'exécutant. Tout compositeur qui ne connaît ni le talent des artistes auxquels l'exécution de sa musique sera confiée, ni par quel auditoire elle sera entendue, ne peut jamais être certain de l'effet qu'elle produira. Car il peut être toujours complètement changé par suite d'un choix convenable d'exécutans et d'auditeurs.

Le même oubli de l'étude du son *formé*, qui a déjà fait tomber M. de Momigny dans l'erreur à l'égard de l'établissement du *Ton*, ainsi que je l'ai fait remarquer plus haut, a ici le même résultat à l'égard du *phrasé*, et conséquemment de l'*expression* dont il est l'âme.

Le titre de théorie *vraie* ne convient donc pas à celle de M. de Momigny.

FIN.